Éléments de phénoménologie analytique

MARC GELET

Illustration: Isabelle Montésinos-Gelet
Graphisme: Thierry de Nardin

ISBN : 978-2-9815655-1-8
Dépôt légal : 4e trimestre 2015
Bibliothèque et archives nationales du Québec
Tous droits de traduction, de reproduction et
d'adaptation réservés © Marc Gelet

« Puisse Dieu donner au philosophe la faculté de pénétrer ce que tout le monde a sous les yeux. »
Wittgenstein, 1947

TABLE DES MATIÈRES

PREMIÈRE PARTIE - Anthropologie philosophique

De l'origine de la vérité sur terre : essai sur le sens commun du mot *conscience* ou l'anima de l'animal   3
Dissertation sur l'animal marginal et sa personnalité dialectique   15
Vérité et émotion – Langage et langue   19
L'anthroposuprématisme ou la négation de la conscience animale commune   25
La conscience animale envisagée depuis le point de vue conceptuel humain dans le but de répondre le plus efficacement possible à la question : « qu'est-ce que la conscience? »   29
De la domination, ou théorie de l'intégration de la conscience dans le corps animal, et de son analogie avec l'intégration de l'humanité dans l'animalité commune   33
Méthodologie pour une phénoménologie de l'inconscient philosophique   39
De la liberté   43

DEUXIÈME PARTIE
Voir le temps   49

TROISIÈME PARTIE
La parole suprêmement ordonnante de dieu 63
Portrait de l'athée en croyant   65
Dieu est le nom d'une force qui s'enracine dans un savoir   69
Éléments de théologie critique : le sens raisonnable des expressions « savoir absolu » et « ontologie fondamentale »   71

QUATRIÈME PARTIE
Introduction phénoménologique au thème de la rétrolecture contemplative versus la lecture sportive   77
Les trois objets de la lecture   85
Précision sur le sens du mot sens : fondement d'une théorie de la littérature   91

PREMIÈRE PARTIE
Anthropologie philosophique

TEXTE 1

De l'origine de la vérité sur terre : essai sur le sens commun du mot *conscience* ou l'*anima* de l'animal

Le phénomène de la conscience, en raison sans doute de l'héritage religieux traditionnel, demeure très sacralisé pour ceux-là mêmes qui s'efforcent de l'étudier objectivement, mais qui ne parviennent pourtant pas à le regarder en face, éblouis qu'ils sont à priori par la lumière divine qu'ils croient y voir. Cependant, l'expérience ordinaire, en sa native simplicité et son incontestable universalité, nous enseigne que le mot conscience signifie prioritairement *perception animale*. Par exemple, le concept de prédateur est totalement inséparable de celui de conscience, laquelle en tant que conscience de la proie est la condition de possibilité ou la condition nécessaire de tout acte de prédation. La phénoménologie élémentaire de l'expérience commune nous enseigne donc préalablement à toute thèse religieuse que ce que nous nommons couramment la *conscience* est un phénomène qui fait nécessairement partie du corps animal individuel à l'état vivant normal. Dans cette optique, la conscience doit alors être conçue comme un parmi d'autres des organes internes au corps de l'animal qui sont nécessaires au déroulement normal de sa vie. Et en tant qu'organe, elle est fondamentalement l'organe qui complète et achève le système des organes consacrés à la perception. Elle est le couronnement et la raison d'être du système sensoriel d'un animal donné, le point d'aboutissement possible de toutes les données qu'il peut recueillir et transmettre. La conscience se présente donc naturellement et avant tout comme le point interne de réception possible de l'information physique chez un animal vivant.

Mais si l'on veut vraiment comprendre ce qu'est la conscience ou l'*anima* de l'animal, on peut se demander ce que signifie exactement le fait pour un prédateur de prendre conscience d'une proie. De quoi s'agit-il au juste ? Qu'est-ce qui se passe vraiment quand cela arrive ? Mais posons d'abord la thèse issue de l'expérience courante, que la conscience, en tant que caractéristique essentielle de l'animalité vivante et non pathologique, est un organe incorporel et imperceptible isolément du corps de l'animal, au sein duquel la réalité physique aussi bien sous son aspect stable que sous son aspect changeant, se trouve partiellement expérimentée relativement au système sensoriel spécifique de l'animal et de la position virtuellement changeante qu'il occupe au sein de la nature en tant que corps auto animé. La conscience ou l'âme de l'animal est un organe qu'on ne peut trouver en aucun coin de l'espace tridimensionnel et qui pourtant lui donne une connaissance intime, directe et propre de la réalité physique qui l'environne, laquelle connaissance est déterminée par la capacité sensorielle de l'animal et est indispensable à sa survie. Mais en vérité, cette connaissance, que l'organe conscience donne sans refus possible à l'animal, est littéralement une preuve et une démonstration de l'existence des choses physiques selon leurs qualités et leurs quantités. Ainsi, lorsqu'une proie a été captée par le système sensoriel d'un prédateur et que l'attention de ce dernier est dirigée sur les données relatives à celle-ci, que ce système lui fournit, il devient alors certain de l'être de l'autre animal et des caractéristiques qualitatives et quantitatives qui font de lui une proie possible. La conscience animale est donc indubitablement un organe scientifique de connaissance, dont la fonction fondamentale est de prouver et de démontrer avec exactitude, à l'être qui en est doué, qu'il y a une nature physique changeante et diversifiée dont il fait partie.

En tant qu'organe attentionnel suprasensoriel, elle est un flux circulant d'énergie interprétative dont la fonction est d'analyser et de synthétiser de manière sélective l'information empirique venue des sens de l'animal. Elle est fondamentalement une puissance herméneutique mobile se rapportant sélectivement à l'information sensorielle propre à l'animal individuel avec la finalité de la lire et de la déchiffrer, et ainsi de pouvoir comprendre et connaitre l'existence physique concrète qualitativement et quantitativement sur le mode de la certitude absolue. La conscience animale est donc minimalement le sujet d'un savoir objectif possible sur n'importe quel aspect de l'état contemporain de l'univers physique en tant qu'il est capté par le système sensoriel à l'intérieur duquel elle habite et évolue. L'âme est en quelque sorte l'habitante du système sensoriel de l'animal individuel, lequel est comme la maison à l'intérieur de laquelle elle peut se déplacer librement d'ouverture en ouverture pour y contempler le monde extérieur. Elle n'est donc pas comme la monade leibnizienne qui n'a ni portes ni fenêtres; mais elle n'a par contre jamais la possibilité de contempler à travers ses propres portes et fenêtres, aucune âme à l'état séparé du corps animal individuel, vivant et en santé. Autrement dit, une conscience ne peut contempler directement ni une autre conscience ni elle-même au travers du système sensoriel qu'elle a pour fonction d'animer. Mais ce flux herméneutique réalisateur de l'évidence empirique virtuellement contenue dans la perception sensible se dirige sur les données du système sensoriel de l'animal avec une rapidité extrême, et le fait en fonction, soit des alertes sensorielles qui attirent brusquement son attention, soit en fonction d'une pulsion immanente de connaître tel ou tel aspect de la nature, qu'on appelle intentionnalité. Cette énergie attentionnelle qui définit l'âme, laquelle définit la vie animale, est gouvernée et mobilisée aussi bien de l'intérieur par une pulsion ou une volonté interne de savoir, que de l'extérieur par les alertes émises par les hautes intensités sensorielles. À l'issue de cette cogitation, on ne peut donc plus faire autrement, que d'accorder aussi, et sans hésitation, le statut de *Dasein* à l'animal commun.

Ce dont est témoin un animal en tant qu'être conscient de l'être physique, c'est-à-dire en tant qu'être doué d'âme, est ce qui par la suite fera partie de son vécu propre, lequel est le fondement de toute mémorisation et de tout souvenir possibles. Cet organe que nous nommons conscience ou âme, et qui est un aspect essentiel de l'animalité commune avec la structure physique organique, est en fait le canal expérimental de l'animal individuel, au travers duquel seulement, peut s'écouler la vie authentiquement vécue de celui-ci. Sa vie subjective passe obligatoirement par ce canal, comme sa vie objective passe obligatoirement par le canal temporel. Nous sommes donc maintenant en mesure de saisir avec clarté que l'essence universelle de la vie animale se divise nécessairement en ces deux aspects qui composent son unité singulière, que sont la vie subjective et la vie objective de n'importe quel animal individuel. La vie subjective emprunte le canal expérimental qu'est la conscience, non seulement simultanément, mais aussi corrélativement au fait que la vie objective emprunte le canal temporel qu'est le maintenant tridimensionnel; et c'est cela qui atteste de leur profonde unité malgré leur différence de nature. Il s'en suit logiquement que l'animal commun individuel a nécessairement une double histoire de vie, l'une subjective qui est relative à sa mémoire, l'autre objective qui est relative à une observation extérieure. De son côté, l'histoire véritable de la science de la nature sur terre commence avec la naissance du premier animal commun ; le premier animal commun étant le premier explorateur de la nature terrestre objective. L'animal commun est en effet dans l'obligation de connaitre objectivement l'existence de la nature, ainsi que sa propre existence au sein de cette nature, car ce savoir est la condition de possibilité du pouvoir qu'il a de survivre. On peut donc aussi le nommer l'être dans la vérité de l'être physique à son échelle perceptuelle propre, et sa situation peut être qualifiée avec certitude d'extatique. C'est pourquoi l'animalité en général et le premier animal commun en particulier sont l'origine de la vérité sur terre. Le premier animal commun est le début de l'entreprise de connaissance de soi de la nature terrestre. Le projet animal de la planète terre a notamment abouti au phénomène humain, c'est-à-dire à l'existence d'un animal appartenant au groupe des grands singes et dont le type commun de conscience est affecté d'une mutation linguistique lui permettant d'établir un rapport symbolique à la vérité du monde physique à l'intérieur duquel il se trouve projeté en tant qu'animal. Ainsi, si l'animal est le Dasein originel, alors l'être humain est le *néoDasein*. Le fait que les êtres humains fassent de la science n'est donc en soi pas exceptionnel ;

mais ce qui l'est par contre, comparativement aux autres espèces animales, c'est la manière dont ils se servent de leur capacité et de leur outil linguistiques en vue de ce projet commun à tous les animaux, et qui est d'explorer le monde dont ils se trouvent faire partie afin d'assurer leur conservation. La zoologie universelle doit alors être méthodologiquement considérée comme la condition nécessaire, mais non suffisante de l'anthropologie fondamentale.

Tous les animaux désirent naturellement savoir : voilà ce qui dans un monde idéal aurait dû être découvert et enseigné dès le début de l'histoire de la pensée européenne. Il est en effet beaucoup trop restrictif, comme le laisse entendre Aristote dans Métaphysique d'attribuer cette propriété exclusivement à l'être humain, qui de son côté est loin de se montrer toujours intéressé par la vérité, comme l'a fait très justement remarquer Peter Sloterdijk dans un passage de son livre *Tu dois changer ta vie* qui commente la première affirmation de l'ouvrage d'Aristote. Mais il ne suffit pas de corriger le sujet de cet énoncé, il faut aussi en corriger le prédicat si on veut enfin retrouver pleinement le contact avec la réalité, que quelques approximations théoriques ont suffi à nous faire perdre pour longtemps. Car la vérité est que tous les animaux ont besoin de connaître afin d'assurer leur survie. Ce qui signifie que la vérité leur est absolument indispensable, indépendamment du fait que cela contrarie ou non les fanatiques de la dignité humaine.

L'originalité de la conscience humaine n'a donc rien d'ontologique, car l'animal commun est tout autant le témoin émotionnellement réactif de l'être, que l'être humain. Mais pourquoi le moins fort et le moins agile des grands singes est-il néanmoins le plus malin et le plus dangereux d'entre eux? Quelle est la nature exacte de cette ressource intellectuelle dont dispose notre espèce et dont l'exploitation est au fondement de sa volonté de suprématie et finalement de sa domination absolue sur le reste du règne animal? Notre espèce règne sur le règne dont elle fait partie et développe continuellement à la surface et sous la surface de la terre et des océans, ainsi qu'à l'extérieur de l'atmosphère, un empire à son image, qu'on appelle le monde, et qui devient toujours plus grand et plus complexe au fil de sa croissance. Le principe de cette croissance impériale du monde humain ne pouvant être trouvé dans la conscience elle-même, il ne reste pas d'autre choix que de le chercher dans cette pratique de codification vocale de l'être que représente le fait anthropologique universel de parler couramment une langue au sein d'une communauté de pairs. La différence anthropologique qui affecte les primates que nous sommes trouve sa raison dans le fait que des descendants d'une espèce normale du groupe des grands singes sont devenus capables de créer, parler et comprendre une langue; ce qui s'est accompagné simultanément et corrélativement d'une modification significative de la structure physique typique des primates. Si, d'un côté, l'humain ressemble plus à un grand singe qu'à n'importe quel autre genre de mammifères dans la mesure ou sa structure biologique dérive de celle d'un ancêtre typiquement primate qu'il a en commun avec le chimpanzé dont 98 % de l'ADN est identique au sien; d'un autre côté, il est celui des grands singes qui en raison de sa différence anthropologique, ressemble le moins aux autres espèces de son groupe zoologique, au point qu'il ne s'est traditionnellement jamais inclus dans cette catégorie et continue toujours de s'en considérer exclu, en vertu d'un habitus culturel mondial relativement insensible aux thèses de la zoologie évolutionniste issue de Darwin . Si depuis longtemps déjà, il n'y a plus qu'une seule espèce humaine, comme l'affirme l'institution scientifique internationale; alors cela a pour conséquence que l'humain actuel est un animal unique en son genre, dans la mesure ou seule son espèce parmi toutes les espèces animales possède l'habilité de témoigner de manière précise de l'être expérimenté par le spécimen. L'invention de l'être humain par la nature terrestre semble être la conséquence de sa volonté de porter son projet de connaissance de soi jusqu'au niveau suivant; en concevant une nouvelle catégorie d'animaux doués de la possibilité originale d'utiliser leur voix pour codifier avec des sons déterminés les multiples façons de l'être subjectivement vécu. En effet, tout ce qu'un animal commun ou humain peut expérimenter comme existant réellement, doit pouvoir se trouver quelque part dans l'espace tridimensionnel sous le mode temporel du présent ou du maintenant. Or la seule chose qu'un animal commun ou humain peut trouver grâce à ses sens et qui constitue le fond de son expérience est l'existence multipliée par la différence, ce qu'on appelle communément la matière, c'est-à-dire la substance intraspatiale dans sa diversité infinie d'essences et d'individus. Aucune différence ontologique ne peut donc jamais être expérimenté par un animal commun ou humain, car l'être ne se montre jamais dans l'espace à l'état pur, dans sa généralité, et indépendamment d'une détermination particulière, de la même façon que la conscience elle-même n'est jamais observable séparément du corps d'un animal vivant. On ne trouve donc jamais d'existence pure dans l'espace, car une loi ontologique veut qu'elle ne peut s'y exprimer sans exprimer simultanément quelque chose d'autre qu'elle, qu'on appelle traditionnellement l'*essence universelle* (l'*idée* chez Platon), laquelle devient avec l'émergence de l'humain, la signification codée dans un mot de la langue, c'est-à-dire le concept signifié qui a pour signifiant un son vocal. Mais lorsque l'existence pure (l'*être* chez Heidegger) devient matérielle en pénétrant dans l'espace, elle n'exprime pas seulement une essence universelle, mais aussi, et simultanément, une essence individuelle (l'*eccéité* chez Duns Scot). Universalité et individualité sont les deux aspects complémentaires et opposés de l'être tel qu'il se présente en vérité dans l'espace pour un témoin de type animal commun ou humain. Le seul être que l'on puisse connaître est toujours identique à ses deux apparences opposées que sont l'universalité et l'eccéité. Ces deux formes essentielles de l'existence matérielle réelle sont ce qui constitue le fond objectif de tout vécu subjectif et donc de toute science d'origine animale de la nature terrestre et extraterrestre. Mais rien ne peut nous garantir que la planète, qui nous a engendrés et supporte notre existence, se satisfasse à jamais de cet outil de connaissance que nous sommes pour elle, ainsi que du degré d'imperfection inhérent au produit scientifique humain, et qu'elle n'accouche un beau jour d'une autre espèce au-delà de l'humaine, et qui serait encore plus compétente de ce point de vue. On est en effet en droit d'imaginer l'émergence d'une autre espèce animale qui présenterait avec la nôtre une différence aussi marquée que celle qu'il y a entre celle-ci et celle du chimpanzé. Comment alors pouvoir être certain que l'être humain soit la fin de l'histoire naturelle et la finalité de l'évolution; car n'y a-t-il pas toujours et nécessairement une place pour le niveau suivant sur la planète terre?

TEXTE 2

Dissertation sur l'animal marginal et sa personnalité dialectique

L'être humain est le dépositaire d'une capacité spéciale qui le marginalise radicalement dans l'ensemble du règne animal. Cette capacité n'est évidemment ni le langage qui appartient à l'ensemble du règne animal ni la conscience qui appartient également à l'ensemble de ce règne. Elle est donc exclusivement la capacité linguistique de former des sons logiquement reliés qui sont des signifiants dont les signifiés sont des universaux abstraits de la communication, c'est-à-dire des concepts; ou encore des entités spirituelles, c'est-à-dire des idées au sens platonicien du terme; laquelle capacité est dialectiquement unie à la capacité opposée, mais complémentaire d'entendre les signifiants et d'en décoder le sens, c'est-à-dire de comprendre la parole proférée, ou encore de percevoir mentalement les abstractions véhiculées par celle-ci. La capacité de parler étant dialectiquement conjointe à la capacité d'entendre la parole et de la comprendre, cela a pour conséquence que la structure dialectique de la capacité linguistique qui caractérise en propre l'animal humain est aussi ce qui lui confère une subjectivité dialectique proprement humaine communément appelée le *Moi*.

La fonction principale de la capacité linguistique est l'abstraction ou l'extraction de l'essence commune des existences individuelles, laquelle essence est ce qui donne leur identité et leur qualité aux existences individuelles. Dans le monde naturel que nous expérimentons quotidiennement, située entre l'infiniment grand et l'infiniment petit, une multiplicité d'essences communes est littéralement exprimée dans l'espace tridimensionnel par une multiplicité encore plus grande de ces existences individuelles corporelles qui reçoivent d'elles leur identité ontologique. La nature que nous expérimentons couramment est elle-même le langage qui exprime concrètement et multiplement les universalités ontologiques qui fournissent leur substance aux concepts qui sont signifiés dans les différentes langues ou dialectes et dont la compilation constitue le lexique. Primordialement, la capacité linguistique est donc la capacité d'extraire une langue ou un dialecte depuis ce langage à l'état pur qu'est la nature en choisissant et déterminant pour chaque essence commune détectée au moins un signifiant auquel elle sera liée en tant que concept signifié, c'est-à-dire en tant qu'universel isolé et séparé de la multiplicité des individus existants, ayant existé, ou qui existeront, auxquels il s'applique dans le cadre d'un jugement vrai de type « x est y » lequel est l'établissement d'une adéquation correcte entre l'universel exprimé naturellement par les individus concrets, et l'universel signifié qu'est le concept lié au signifiant. La vérité est donc une coïncidence au sens ou le jugement vrai repose fondamentalement sur la coïncidence entre l'universel exprimé et l'universel signifié au sein de la conscience humano-dialectique.

La conscience humaine est une conscience animale transfigurée par l'universel qui est signifié pendant l'exercice de sa capacité linguistique. Comparée à l'ensemble des autres subjectivités animales, la subjectivité humaine ne présente manifestement pas une structure normale, c'est-à-dire non divisée ou dédoublée entre une conscience qui parle et une autre qui entend et qui comprend ce qui est dit. La dialectisation déviante de la subjectivité de l'animal humain ne se réalise toutefois pleinement que lorsque ce dernier utilise sa voix mentale pour signifier l'universel. Ce faisant il établit un rapport privé à lui-même qui est le Moi humain proprement dit. Lui-même en tant qu'émetteur du message se rapporte à lui-même en tant que récepteur du message exclusivement dans sa tête, car s'il faisait la même chose à voix haute et qu'il établissait publiquement ce rapport à lui-même comme à un autre, tout en sachant que cet autre est lui-même, il risquerait néanmoins de passer pour fou. Au départ de l'histoire de la conscience, il y a donc la conscience animale normale qui est une conscience méditative et indivisée. Puis vient le temps de l'émergence de la capacité linguistique, c'est-à-dire le temps où l'universel vient à s'incarner par le signifiant et s'implanter au sein d'une partie du monde de la conscience animale, ce qui aboutit progressivement à métamorphoser radicalement la conscience d'une espèce animale de type primate, en lui permettant de se diviser, tout en conservant son unité, et d'établir ainsi une relation à elle-même, en elle-même, dans le secret de son intériorité mentale. Le Moi humain est donc essentiellement cette identité de la différence et de l'identité dont parlait Hegel, c'est-à-dire une structure dialectique qui repose sur le fait qu'une subjectivité animale possède un dialecte en commun avec d'autres subjectivités animales.

TEXTE 3

Vérité et émotion – Langage et langue

La vérité engendre l'émotion. Dès qu'une conscience animale perçoit la vérité au travers des organes sensoriels qu'elle a pour fonction d'animer de son attention, il s'ensuit toujours une réaction émotionnelle, fût-elle d'indifférence, et qui est également fonction de la double nature universelle et individuelle de la vérité perçue, ainsi que de la double nature universelle et individuelle de l'animal percepteur de vérité. La vérité dépend de l'animalité. Elle fait partie du corps de l'animal en tant que le contenu de sa conscience est conditionné par la nature de son système sensoriel.

La conscience, en tant qu'organe fondamentalement métasensoriel est une entité incorporelle qui ne peut être trouvée isolement dans le corps animal en particulier, et dans l'espace en général, tout comme si elle se dissimulait dans un des points de l'espace occupé par le corps animal, ou qu'elle pouvait librement et agilement passer d'un de ces points à l'autre. Elle est l'intelligence que l'animal apte à la survie possède de l'expression naturelle ou du langage de l'être. Elle est son organe de lecture de la diversité des formes naturelles et des individualités qui les composent. Elle procède à un décodage minimal de la réalité perceptible par l'animal. Elle octroie à l'animal sa part de vérité sur l'existence. La conscience, en tant qu'elle est pure exhibition de la vérité de l'être pour un animal donné à un moment donné, est aussi l'intelligence même de cet animal, laquelle grave la vérité vécue dans son corps, en produisant une émotion relative à cette vérité.

L'émotionalité animale est un champ de force qui parcourt et enveloppe tout son corps, et qui vibre de manière spécifique et singulière à chaque fois qu'une vérité d'existence y pénètre par le canal de sa conscience, laquelle est la substance même de son intelligence. Mais l'émotion engendrée par l'incorporation consciente d'une vérité d'existence par un animal agit en retour comme une forme d'interprétation de cette vérité par celui-ci, laquelle est relative à ce qu'il est spécifiquement et individuellement à ce moment de sa vie.

Le langage est ce qui existe avant toute langue possible et même avant toute conscience possible. En tant qu'expression multiple et naturelle de l'existence, il est l'objet fondamental de cet organe épistémo-émotionel qu'est la conscience animale. Le langage est ce que la conscience a pour fonction d'interpréter pour le reste de l'organisme animal, afin qu'une certaine partie de la vérité de l'existence devienne suffisamment compréhensible pour celui-ci. Il s'ensuit logiquement que les mots langue et langage ne devraient jamais être utilisés comme des synonymes, et cela, même si dans la langue anglaise il n'y a qu'un seul mot, *language*, pour dire les deux choses, qui sont pourtant de nature extrêmement différente, indépendamment du fait que l'une d'elles, la langue, ne tire sa valeur d'usage, que de sa possible articulation fidèle à l'autre, le langage.

Mais pour ceux qui douteraient de la pertinence d'une telle distinction entre le langage et la langue, je voudrais simplement les renvoyer au phénomène classique et bien attesté de la violence, autant au sein du règne animal que de l'empire humain. Car la violence est originellement un phénomène langagier dans la mesure où il est l'expression corporelle de la volonté consciente de prédation, de domination, d'intimidation ou de dissuasion, d'un animal par rapport à un autre, envers qui s'exprime cette volonté, et c'est pourquoi on parle de langage dans ce cas. Il n'est donc pas nécessaire de savoir parler une langue pour utiliser le langage de la violence, et cela malgré le fait qu'il peut s'accompagner de formules linguistiques spécifiques à cette pratique; ou bien malgré le fait qu'elle peut se concentrer essentiellement dans un mot ou une formulation verbale. Le langage est le fondement de la communication entre l'existence et la conscience animale, qui la perçoit simultanément sous les modes de l'universalité et de l'eccéité; tout autant qu'il est le fondement de la communication entre les consciences animales appartenant ou non à la même espèce, en raison de son universalité absolue.

Mais ces modes tardifs et dérivés de la communication naturelle que sont les langues permettent aux consciences qui en sont dotées d'agir l'une sur l'autre d'une façon nouvelle et originale par rapport à ce que permet le simple langage. Ce nouveau mode de la communication qui émerge avec l'être humain est celui de la communication par représentation mutuelle. Cette communication a lieu entre deux consciences lorsqu'au moyen d'une langue commune médiatrice, l'une d'elles détermine l'autre à imaginer l'expérience personnelle qu'elle se remémore en lui parlant. Celui qui parle se remémore ce dont il a fait l'expérience tandis que celui qui écoute doit imaginer quasi simultanément ce dont l'autre a été le témoin, mais pas lui. Et c'est la langue qui constitue l'interface entre ces deux aspects de la représentation consciente que sont la remémoration du locuteur et l'imagination de l'auditeur, lesquelles ont pour fonction de rendre présent à la conscience humaine diurne des éléments de réalité devenus hors de portée de leur système sensoriel. Et c'est pourquoi il est légitime de parler de représentation dans ce contexte humain de néo-communication linguistique, qui s'ajoute à la communication langagière, laquelle ne présuppose aucune représentation.

Avec l'être humain, le développement linguistique s'accompagne d'un développement sans précédent de la conscience éveillée de l'être absent dans le règne animal. Car l'usage courant d'une langue entre humains stimule nécessairement et fortement le développement de la faculté représentative de leurs consciences à l'état de veille, sous les deux formes de la remémoration et de l'imagination. L'usage d'une langue exerce un effet d'entraînement quasi permanent de leur faculté représentative. Et sans la mise à contribution de cette faculté sous ses deux formes, l'apport de la néo-communication linguistique par rapport à la communication langagière serait de bien moindre importance. Même s'il est vrai que la relation de communication linguistique entre deux consciences humaines n'implique pas toujours cette structure de représentation mutuelle de l'être absent. Si par exemple un locuteur voyant décrit un paysage à un auditeur non voyant assis à côté de lui, il articule son discours directement sur sa perception de la vérité de l'être présent, tandis que son auditeur est conditionné à s'imaginer cette vérité qui est visuellement absente pour lui, et doit donc faire appel à sa capacité de se représenter l'être absent alors qu'il est par ailleurs conscient de l'être présent. Et puis il y a le cas ou l'échange linguistique repose sur la perception de la même réalité présente, en tant que le discours est un commentaire de la perception de l'un, ou des deux protagonistes de la communication, sans mise en œuvre de leur faculté de se représenter l'être absent. On ne se représente donc jamais l'être présent, car on le perçoit directement grâce à notre conscience qui est l'organe sujet de nos divers organes sensoriels.

La capacité linguistique de l'être humain n'est pas nécessairement liée à la représentation de l'être absent; mais il est néanmoins indubitable qu'elle a majoritairement contribué au développement et à la culture de cette autre capacité qui la complémente et qui accroit son intérêt et son utilité pour les humains. En conséquence de leur usage chronique des langues, ceux-ci passent beaucoup plus de temps que les membres des autres espèces animales, dans la contemplation éveillée de l'être absent.

TEXTE 4

L'anthroposuprématisme ou la négation de la conscience animale commune

En vérité, la question que la philosophie historique est coupable d'avoir oubliée depuis son origine n'est pas celle de l'être, comme le prétendait Heidegger, mais plutôt celle de la fondation animale de la conscience humaine; et c'est certainement la raison pour laquelle de nos jours la philosophie ne possède pas le statut social de science utile malgré son ancienneté.

Mais ce manquement à son devoir prioritaire de penser ce qui fait non pas l'essence, mais l'essentiel de la conscience humaine, soit la conscience animale commune, a été poussé jusqu'au négationnisme de la conscience animale dans la tradition métaphysique occidentale.

Cette négation chronique de l'évidente *anima* de l'animal par l'institution philosophicoreligieuse officielle s'explique par sa conception suprématiste de l'être humain, laquelle consiste en une minimisation radicale de la communauté de nature spirituelle que l'animal commun entretient avec l'animal humain au profit d'une maximisation radicale de leur différence de nature spirituelle.

Un tel suprématisme se manifeste encore dans l'histoire récente de la philosophie avec le soi-disant concept révolutionnaire de *Dasein* qui signifie ouverture spirituelle à l'être ou à l'existence, en tant que proprement humaine. Or avec un tel concept frauduleux, il est manifeste que Heidegger n'échappe pas lui non plus à cet antique pli de la pensée qui consiste à abaisser l'animal commun afin d'élever l'animal humain.

Car ce fanatisme métaphysique de la dignité humaine est précisément ce qui s'oppose à la reconnaissance officielle d'une structure de conscience universelle à tout le règne animal et qui constitue de facto la substance principale de la conscience humaine elle-même en tant que synthèse de Vérité et de Volonté.

Or pour tout projet théorique de comprendre la nature fondamentale de l'être humain, rien n'est plus utile et intéressant que de comprendre clairement et distinctement la nature de la conscience commune au règne animal. Mais pour les partisans de l'anthroposuprématisme, ce qui importe avant tout, c'est de poser la question du propre de l'homme au détriment de l'animal, c'est-à-dire en niant systématiquement que celui-ci puisse avoir, à l'instar de l'être humain, une conscience et une volonté propre, grâce à l'union desquelles, il possède une âme qui lui permet de se rapporter à l'être ainsi qu'à sa propre existence; existence qu'il peut donc mener comme n'importe quel humain du moment qu'on lui en laisse la liberté.

À l'exception de la capacité linguistique qui singularise l'être humain au sein du règne animal, la conscience humaine est pourtant absolument analogue dans sa structure de base à la conscience animale. Mais cette analogie fondamentale n'est pas acceptable pour les tenants de l'anthroposuprématisme qui n'ont aucun scrupule à intégrer tout le contenu du concept de conscience animale commune à leur concept erroné de la spécificité humaine.

TEXTE 5

La conscience animale envisagée depuis le point de vue conceptuel humain dans le but de répondre le plus efficacement possible à la question : « qu'est-ce que la conscience? »

Si l'être humain est une conscience qui parle; alors il s'ensuit que ces êtres que les humains appellent des animaux sont des consciences muettes, des témoins hors-la-langue des multiples aspects de l'être relatifs aux divers points de vue fournis sur celui-ci par leurs systèmes sensoriels respectifs.

Mais en faisant un pas de plus dans la description philosophique élémentaire de la conscience animale commune, nous pouvons voir et avancer sans peine que l'essence de ce phénomène naturel est d'être un composé de vérité et de volonté.

La conscience se doit en effet d'être conçue comme un organe faisant partie du corps de l'animal commun fonctionnel dans son environnement, en tant qu'elle est unie à son système sensoriel comme récipiendaire des données, informations ou évidences sur l'être, que ce système transmet. Soit la conscience animale commune en tant que Vérité issue de la tradition ontologique de la sensorialité.

Mais la conscience n'est pas que science, elle est aussi âme, c'est-à-dire animation volontaire du corps de l'animal commun. En tant qu'elle est émotionnellement unie au corps animal en un second point de jonction, elle est non plus seulement l'organe récipiendaire de la donnée sensorielle, mais elle est aussi le principal organe moteur de ce corps. Soit la conscience en tant que Volonté, c'est-à-dire animation pratique du corps animal sous l'influence d'émotions engendrées par la fonction théorique de la conscience comme contemplation de l'être naturel véritable.

La conscience animale est donc un organe théorico-pratique, une synthèse d'impression et d'expression, dont la finalité est de permettre à l'animal de persévérer dans l'être et de mener son existence au sein de celui-ci, c'est-à-dire de survivre et donc d'avoir une vie.

ÉLÉMENTS DE PHÉNOMÉNOLOGIE ANALYTIQUE

TEXTE 6

De la domination, ou théorie de l'intégration de la conscience dans le corps animal, et de son analogie avec l'intégration de l'humanité dans l'animalité commune

La philosophie de la nature en général et de la nature humaine en particulier ne saurait se passer d'une théorie fonctionnelle de la conscience animale commune qui ne dépendrait pas d'une découverte scientifique inespérée. Son élaboration serait plutôt le fruit de l'exploitation logico-phénoménologique de données d'expérience universellement accessibles, comme ce doit être toujours le cas en philosophie. La connaissance conceptuelle de l'essence composée de cet organe vital qui est intégré au corps animal, sans être pourtant présentable anatomiquement parlant - car seuls le cerveau ou des parties de celui-ci peuvent l'être; étant généralement admis en médecine que la conscience s'intègre dans le corps au niveau de cet autre organe vital -, dépend donc essentiellement du pouvoir philosophique de connaître, compte tenu de la nature physiquement insaisissable de son objet.

Le problème philosophique classique de l'union de l'âme et du corps est donc reposé conjointement à celui de la structure universelle de la conscience animale; et il apparait alors comme étant celui de l'intégration d'un organe non biologique dans un système d'organes biologiques au niveau de l'organe biologique le plus important de ce système : le cerveau, qui doit cette importance à l'importance suprême de la fonction de l'organe conscience pour l'existence animale.

Une manière de rendre plus claire et précise cette conception strictement philosophique de l'intégration de la conscience, comme organe non physique, dans ce système d'organes biologiques qu'est le corps animal, est de comparer cette intégration à un autre cas remarquable d'intégration d'un élément d'une autre classe dans un système d'éléments de la même classe.

La classe animale commune, par exemple, ne contient pas l'espèce humaine, car elle est la classe de toutes les espèces animales qui n'ont pas la faculté de parler ou de capacité linguistique en général. Il n'y a donc aucune assimilation possible de l'être humain au système de l'animalité commune, et cela, même au niveau du groupe des grands singes.

D'un autre côté, il est scientifiquement admis que l'être humain appartient au genre animal en général et au groupe des grands singes en particulier; ce qui est, pour la seconde assertion, phénoménologiquement et logiquement impossible à admettre si on conçoit cette appartenance comme une inclusion catégorielle, alors que l'évidence empirique nous enseigne immédiatement que l'homme n'est pas un singe grand ou petit.

Ce qui signifie alors que l'espèce humaine s'intègre dans le système des espèces animales communes, mais sur un mode paradoxal, au niveau du groupe des grands singes;

comme la conscience dans le système bio-organique du corps animal, au niveau du cerveau; c'est-à-dire comme un élément séparé du système qu'il domine, mais néanmoins relié à lui par cette domination elle-même. Cette modalité paradoxale de l'intégration du séparé au système par sa domination sur lui, est par ailleurs remarquablement bien illustré par le symbole au verso du grand sceau des États-Unis, pour ceux qu'une représentation imagée de la chose aide à mieux la concevoir.

Mais le séparé s'intègre aussi au système par son analogie, quoique moins grande, avec les éléments du système, que celle que ceux-ci entretiennent entre eux. Soit d'une part l'analogie de la conscience, en tant qu'organe spirituel, avec les organes biologiques en général et le cerveau en particulier; et d'autre part l'analogie de l'être humain en tant que conscience qui parle, avec l'animal commun, en tant que conscience muette. Analogie encore accentuée par le plus haut degré de ressemblance physique et comportementale présenté par homo sapiens avec pan troglodyte en particulier, comparativement aux autres espèces de primates, mais surtout comparativement aux autres espèces animales communes; ressemblance qui ne donne cependant pas plus le droit de classer l'humain dans la classe des grands singes que dans celle des animaux communs.

Or l'animal commun n'est vivant qu'aussi longtemps que sa conscience demeure intégrée à son corps; tandis que sa mort coïncide avec la ruine tant redoutée de cette intégration qui constitue l'union de l'âme et du corps et l'existence proprement dite de l'animal.

Et l'être humain ne meurt donc qu'en raison de l'intégration de son espèce dans le système des espèces animales communes.

Mais si la mort de l'animal commun ou humain signifie la ruine évidente de l'intégration de sa conscience à son corps, cela ne signifie pas nécessairement la désintégration évidente de sa conscience elle-même; mais seulement que sa conscience ne domine plus ni réellement ni virtuellement son corps (comme dans le sommeil), et que c'est celui-ci qui de façon certaine entame alors un processus de désintégration.

Bien qu'elle n'écarte pas la possibilité d'une survie post-mortem de l'âme, la science philosophique de la conscience n'écarte pas non plus la possibilité d'une mort de l'âme, à la suite de sa désintégration d'avec le corps. De son point de vue, les deux scénarios sont envisageables, car les données qu'elle utilise sont uniquement issues de l'expérience universelle.

Mais en cas de survie post-mortem de l'âme humaine, en tant que concernée explicitement par le problème de la justice, se pose alors la question de la nature du destin post-mortem de la conscience humaine, et si ce destin en sera un de récompense ou de châtiment.

La prise en charge théorique et pratique de cette question, qui trouve sa légitimité dans une possibilité philosophique fondamentale, est depuis toujours l'affaire des religions, qui s'appuyant sur des expériences rares et singulières, sont la présupposition de la certitude de la réalité de cette possibilité philosophique et sa théorisation.

Mais il y a aussi des représentants de la médecine contemporaine qui, au travers du vécu rare et singulier de certains de leurs patients, se sont déclarés témoins d'expériences où la conscience de personnes médicalement mortes aurait survécu à la ruine biologique de son intégration d'avec le corps, mais serait resté à proximité de lui, tel un organe totalement imperceptible et séparé du corps, qui conserve néanmoins sa fonction de témoin, indépendamment des organes sensoriels du corps désormais inanimé, pour ensuite le réintégrer et le dominer de nouveau; comme si la lésion ayant causée la ruine biologique de l'intégration de la conscience s'était ou avait été réparée pendant l'épisode de mort clinique du corps, et que la conscience totalement séparée et imperceptible était restée en attente non loin pour être finalement réintégrée au corps et lui redonner vie.

TEXTE 7

Méthodologie pour une phénoménologie de l'inconscient philosophique

L'anthropologie philosophique doit reconnaître la nécessité d'une connaissance conceptuelle précise de l'être animal, en tant que corps animé par une conscience; car cette connaissance est celle de la base de la conscience humaine elle-même. Elle est donc la connaissance de la conscience humaine profonde, c'est-à-dire la connaissance de son noyau. Et elle complète obligatoirement la connaissance de la conscience humaine en tant que telle, comme la connaissance de la partie immergée de l'iceberg complète celle de sa partie émergée. C'est pourquoi la question du propre de l'animal s'impose en tant que médiation méthodologique fondamentale de la question du propre de l'homme.

Ainsi la conscience humaine, en tant que conscience dialectisée par la parole, est un produit dérivé de la conscience animale commune, en tant que synthèse de Vérité et de Volonté. Méthodologiquement parlant il ne faut donc plus chercher à faire une « réduction phénoménologique », comme le prescrivait Husserl , afin d'isoler la conscience comme pure représentation - de l'être - dont elle serait la représentation par nature irréelle, comme dans les rêves, ou comme dans la théorie de Descartes ou le philosophe éveillé s'efforce de s'imaginer qu'il rêve, voire s'efforce de rêver qu'il rêve tout en restant éveillé.

Or il se trouve malheureusement que c'est cette posture intellectuelle bizarre et peu commode qui a défini l'identité cognitive du philosophe de la modernité et lui a fait perdre sa réputation de sérieux et d'utilité sociale, tant aux yeux du peuple que des savants. La malencontreuse erreur de la phénoménologie husserlienne est sans doute d'avoir voulu suivre la voie cartésienne du doute acrobatique au sujet de l'existence, et d'avoir ainsi provoqué la réaction heideggerienne contre l'oubli de l'être et l'esprit ultra subjectivant de la modernité philosophique; ainsi que le succès immense de cette philosophie qui, en tant qu'« ontologie fondamentale », est apparue à beaucoup comme le retour surprise de l'esprit proprement philosophique à la réalité. Mais au lieu d'une « réduction phénoménologique », d'essence cartésienne, il aurait été beaucoup plus réaliste et fonctionnel de s'efforcer d'effectuer une « réduction linguistique », c'est-a-dire une mise hors-la-langue de la conscience humaine par elle même, comme dans la méditation d'inspiration orientale, doublée d'une auto-observation de cette conscience humaine réduite à sa structure animale universelle.

Le rappel ultérieur de ce vécu linguistiquement réduit, servira ensuite de base à la description linguistiquement exacte de la conscience animale commune, substrat de la conscience humaine. Mais à cette auto-observation de la conscience humaine par elle-même en mode muet, s'ajoute bien entendu l'observation directe des animaux communs et de la manière dont ils existent comparativement à toutes les autres parties de la nature terrestre qui supportent leur existence. Il s'agit donc d'une méthodologie qui repose sur une approche aussi bien internaliste, qu'externaliste de la conscience animale commune, dont la visée est de soustraire ce phénomène terrestre primordial à son enchevêtrement d'avec la sophistication linguistique de la conscience proprement humaine.

TEXTE 8

De la liberté

Selon la philosophie collective et l'expérience commune, la liberté humaine consiste dans le fait de pouvoir se donner un but que la volonté aura ensuite pour tâche d'atteindre.

Indépendamment des raisons qui déterminent le choix de cet objectif, c'est l'instance rationnelle subjective nommée *Moi* qui en dernière analyse autorise ou non l'adoption de cet objectif ou son intégration à l'existence de l'individu en question. Ensuite la volonté sera tenue à s'exercer à réaliser cet objectif selon que le Moi aura autorisé ou non qu'il y a passage à l'acte ou mise en œuvre effective de l'action pratique individuelle. Dans le monde humain, le Moi ne peut jamais vraiment s'exprimer autrement que comme la forme subjective ou psychologique du Droit. Car il est avant tout une instance qui autorise ou interdit sur ces deux plans fondamentaux de la vie individuelle : celui de la représentation ou non d'un objectif possible et celui de la réalisation ou non de cet objectif possible. Au sein du monde humain, la liberté est donc cette structure subjective qui effectue un choix au niveau abstrait de la représentation, puis le rechoisit au niveau concret de la réalisation. L'originalité de la liberté dont nous jouissons en tant qu'être humain consiste dans le fait d'avoir le devoir chronique d'exercer notre droit de sélectionner ou déterminer un objectif pratique possible au détriment de tous les autres, puis de le valider ou non par une volonté de réalisation plus ou moins forte. L'être humain n'est pas tant libre que contraint d'être libre. Cette contrainte est normalement la source de son *curriculum vitae*. C'est une pression qui s'exerce sur son Moi sous la forme d'un devoir qui lui commande chroniquement de faire un choix exclusif et de le redoubler par la réalisation. Il est donc en quelque sorte l'esclave de sa liberté.

DEUXIÈME PARTIE

TEXTE 9

Voir le temps

Profession de foi méthodologique

Ou bien nous chercherons à exprimer un concept descriptif de temps en respectant la méthode phénoménologique, ou bien nous nous abstiendrons de toute investigation philosophique sur ce sujet. Pour la philosophie, le temps est d'abord et avant tout un thème traditionnellement constitué; tandis que pour la phénoménologie, il est d'abord et avant tout l'objet d'une intuition possible. Être objet d'une intuition possible, cela ne veut pourtant pas nécessairement dire être intégré à l'ordre matériel qui remplit au présent l'espace tridimensionnel, et y être intégré à titre d'élément constituant que l'on doit pouvoir trouver dans l'espace comme existant à la fois physiquement et individuellement. Cela peut aussi vouloir dire être l'objet d'une intuition eidétique, en tant qu'essence pure qui prescrit sa norme de manière transcendante au sujet connaissant. L'essence pure du temps, correctement saisie par le sujet connaissant dans une intuition appropriée qui la lui donne en personne, doit être l'objet qui sert de base à l'expression théorique du concept de *temps*.

De quelle discipline le temps comme objet de connaissance phénoménologique relève-t-il en droit?

Selon l'expérience la plus commune, le temps rend possibles des phénomènes comme la vie, le mouvement, le changement. Il n'est pas la condition de possibilité de l'être, mais celle de toutes les mutations qui l'affectent. C'est pourquoi il est absurde, comme l'a vainement tenté Heidegger, d'espérer connaître le sens substantivé du verbe être, en ébauchant une phénoménologie de la conscience personnelle du temps, sous le revêtement traditionaliste d'une herméneutique de la facticité, qui elle-même devait servir de propédeutique à une ontologie fondamentale toujours promise, mais jamais tenue. Seule la vie universelle, autrement appelée le devenir, se déploie dans un horizon défini par le concept de *temps*. Le concept de *temps*, dans sa relation nécessaire au concept de vie, est le souci d'une discipline eidétique relativement neuve si on la compare à la géométrie par exemple, mais néanmoins un peu plus ancienne que la phénoménologie en tant que telle. Cette discipline est la dialectique dont le découvreur est Hegel. Il est certain que Hegel et Husserl ne se faisaient pas du tout la même idée de la science en général. Il n'en reste pas moins que la dialectique est une eidétique de type phénoménologique et non pas mathématique dont l'objet est l'unité essentielle de la vie et du temps. La dialectique est le champ disciplinaire historiquement déterminé où s'inscrit normalement toute expression phénoménologique du concept de *temps*.

L'intuition naturelle du temps

Le temps rend possible la vie, mais la vie rend visible le temps sous la forme de toutes les mutations sensibles qui affectent la substance intra spatiale contemporaine ou la matière. La matière se caractérise comme substance intra spatiale contemporaine, car c'est une nécessité d'essence pour tout objet matériel concret que d'être trouvable en un coin de l'espace tridimensionnel de manière simultanée à l'existence de celui qui le trouve et sous un aspect substantiel. Le propre de chaque élément du monde matériel est d'être le contemporain de tous les autres. L'espace en tant qu'horizon de contemporanéité est lui-même une détermination empruntée à l'essence pure du temps; essence dont l'intuition s'opère en tout premier lieu sur la base d'une conversion eidétique du regard de l'intuition sensible portant sur le flux continu des évènements matériels. Pour accéder à une première évidence intuitive de l'essence pure du temps, il n'est même pas besoin de renoncer à l'attitude naturelle et de pratiquer la réduction phénoménologique. Il suffit de considérer uniquement l'aspect changeant de ce qui se trouve à l'intérieur de l'espace et de mettre entre parenthèses son aspect permanent. Il s'agit donc simplement de faire primer le point de vue du devenir sur celui de l'être. La relation de contemporanéité qui lie l'individu doué de conscience au corps individuel qu'il trouve dans l'espace s'étend d'elle-même entre tous les autres corps conjointement trouvables à celui qu'il trouve en fait; tout comme elle s'étend d'elle-même entre celui-ci et chacun de ceux-là; et entre tous ceux-là et l'individu idéalement défini comme capable de les trouver conjointement au corps qu'il trouve d'abord comme étant le centre de référence relatif de son horizon de contemporanéité propre; ainsi que comme capable de les trouver conjointement au corps qu'il trouve comme étant le centre absolu de son horizon de contemporanéité propre, c'est-à-dire comme étant son corps. Mais tous les corps individuels trouvables au sein de l'horizon de contemporanéité propre à une intentionnalité de type individuel rentrent les uns avec les autres dans un rapport de combinaison qui figure sur le plan même de la sensation l'expérience proprement vécue de la nature. Mais si le rapport en tant que tel dans son invariabilité sert de fondement au concept physique de nature, la combinaison en tant que telle dans sa variabilité sert de fondement intuitif originaire au concept dialectique de temps naturel. Méthodologiquement parlant ce concept l'emporte sur les autres dans la recherche concernant l'essence pure du temps, en raison du fait qu'il est le produit immédiat de la conversion eidétique de l'expérience naturelle du temps, laquelle donne l'évidence première suivante au sujet du temps : celle de la mutabilité des corps contemporains qui forment ensemble sous un mode combinatoire l'empire naturel du temps.

Les propriétés fondamentales du temps naturel

A) L'invariabilité

Le temps se montre d'abord lui-même comme le sens naturellement commun de toutes les mutations intra spatiales. Le concept de temps naturel définit d'abord une orientation qui ne peut être déterminée par aucun point de l'espace même si elle est l'orientation exclusive et nécessaire de toutes les translations et transformations qui ont lieu à l'intérieur de l'espace selon des orientations multiples et concurrentes. Par exemple, toutes les directions différentes que peut emprunter un corps mobile dans l'espace ne peuvent l'être qu'en fonction de cette direction de toutes les directions qu'est le temps naturel. Pour parler de manière plus imagée et non moins pertinente, on pourrait dire de cette essence qu'elle est la voie qu'il n'est pas possible à la vie de ne pas suivre. Tout ce qu'il nous est possible de trouver à l'intérieur de l'espace, y compris nous-mêmes, comme pouvant bouger et se transformer, est toujours nécessairement déjà engagé dans cette voie. Ce concept de temps naturel peut d'ailleurs facilement être rapproché du concept traditionnel chinois de *tao* qui signifie précisément la voie. Le fait que la philosophie chinoise analyse le tao en une polarité yin et une polarité yang dont l'alternance définit le cours de la vie, aurait tendance à nous confirmer de manière historique, que l'essence du temps, telle qu'elle s'annonce en premier lieu sur le plan naturel, relève de la dialectique comme discipline phénoménologique.

L'essence naturelle du temps possède trois propriétés fondamentales. L'invariabilité du temps naturel en tant qu'orientation suprême ou finale est l'une d'entre elles. Le concept de temps naturel est donc aussi celui d'une orientation invariablement identique à elle-même. Il décrit donc l'essence générale de toute orientation possible à l'intérieur de l'espace. Si, par exemple, la direction nord se trouve être, elle aussi, invariablement identique à elle-même, que nous la suivions réellement dans l'espace tridimensionnel ou uniquement des yeux sur la base d'une copie bidimensionnelle de cet espace originel, cela tient au fait que cette orientation intra spatiale particulière, comme toutes les autres, emprunte son invariabilité particulière à l'essence générale du temps naturel sans laquelle elle ne pourrait tout simplement pas être suivie de manière invariable.

La manière courante d'exprimer cette propriété consiste à parler d'irréversibilité du temps. Le défaut de cette expression d'un point de vue phénoménologique, c'est qu'elle manque de précision et implique une comparaison de l'essence du temps avec des phénomènes intra spatiaux de réversibilité qui ne sont possibles que par la voie invariablement identique à elle-même du temps naturel. Une telle expression comporte indéniablement un vice logique ou encore c'est une tautologie. En est-il de même lorsque nous préférons parler en lieu et place d'invariabilité du temps? Si tel était le cas, cela signifierait, par exemple, que la direction nord qui a la propriété évidente de pouvoir être suivie invariablement, n'aurait pas celle de l'être en sens contraire, et de se transformer en une direction sud, en raison d'un simple changement de point de vue sur l'invariabilité du temps naturel en tant qu'orientation suprême ou finale. Avec cet exemple on voit très bien que si l'essence du temps naturel se caractérisait effectivement comme irréversible, alors l'espèce des phénomènes naturellement réversibles, lorsque par exemple la guérison succède à la maladie, ne devrait pas appartenir au genre des mutations intra spatiales et ceux-ci devraient alors se dérouler pour ainsi dire hors de l'orientation nécessairement prescrite par le temps naturel, ce qui est manifestement absurde. La définition du temps naturel ou physique comme irréversible est une négation pure et simple de l'aspect fondamentalement dialectique de l'essence naturelle du temps, lequel est pourtant eidétiquement évident. Lorsque, par exemple, je respire et qu'à chaque nouvelle inspiration particulière succède une nouvelle expiration particulière et inversement, cette alternance dialectique du mouvement respiratoire, ce mouvement incessant de réversibilité de l'inspiration en expiration et de l'expiration en inspiration, par où la cause et l'effet se transforment l'un dans l'autre, car les poumons ne se remplissent qu'en raison de leur vide et ne se vident qu'en raison de leur plein, ce mouvement n'est possible que dans la mesure où ces deux moments dialectiquement opposés l'un à l'autre suivent la même orientation invariablement identique à elle-même, celle du temps naturel. L'invariabilité naturelle du temps comme orientation suprême ou finale de toutes les mutations spécifiques qui affectent l'essence intra spatiale, autorise aussi bien l'invariabilité de toutes les directions intra spatiales possibles, que la variabilité même de l'essence intra spatiale; tout comme elle autorise aussi bien l'invariabilité dialectique de l'alternance naturelle qui se manifeste par exemple dans l'invariabilité du mouvement respiratoire, que la variabilité même des contraires mise en jeu dans ce mouvement.

B) La perméabilité

Il y a cependant quelque chose de fascinant à comprendre sur la base d'une intuition eidétique que c'est dans la mesure même où l'essence naturelle du temps est absolument différente de celle de la vie, laquelle peut être identifiée à la mutabilité, que précisément aucun des mouvements de la vie ne serait possible sans le temps naturel. C'est en raison de cette différence absolue d'essence que le temps naturel n'oppose aucune résistance au mouvement général de la vie. Afin de mieux nous faire comprendre encore, nous allons citer complètement la définition d'une chose « finie en son genre » donnée par Spinoza au tout début de l'*Éthique* : « Cette chose est dite *finie en son genre*, qui peut être limitée par une autre de même nature. Par exemple, un corps est dit fini, parce que nous en concevons toujours un autre plus grand. De même, une pensée est limitée par une autre pensée. Mais un corps n'est pas limité par une pensée ni une pensée par un corps. » Ce cours extrait de l'œuvre de Spinoza nous permet de saisir une analogie évidente entre un certain rapport de la pensée et de l'extension corporelle tel que conçu par Spinoza et le rapport que nous nous efforçons maintenant de concevoir entre le temps naturel et la vie. La relation du temps naturel et de la vie en est une de type paradoxal, le paradoxe étant le prototype de la dialectique. La relation paradoxale du temps naturel et de la vie s'explicite comme ceci : le temps naturel s'identifie absolument à la vie qu'il n'entrave pas en raison même du fait qu'il s'en différencie absolument. Dans la mesure où le temps naturel est ce qui ne rend pas la vie impossible, celle-ci s'identifie absolument à celui-là, tel que le donne à voir l'intuition sensible de la mutation, parce qu'il s'en différencie absolument, tel que le donne à voir l'intuition eidétique des essences. Selon l'intuition sensible du changement, la vie ne cesse pas de croiser le temps naturel dans son mouvement incessant de le traverser à nouveau, pour en sortir à nouveau, dans le mouvement même d'y rentrer à nouveau, à l'infini; tandis que selon l'intuition eidétique qui s'effectue sur la base de l'intuition sensible du changement et en cohérence avec elle, la temporalité naturelle et la mutabilité du vivant sont des parallèles qui ne se rencontrent en aucun point. Le paradoxe selon lequel ces deux essences absolument différentes sont cependant absolument unifiées se figure donc aussi bien par une croix que par une paire de parallèles. En raison de cette autre propriété fondamentale du temps naturel qu'est la perméabilité, la vie peut sans cesse suivre son cours invariablement variable dans l'élément radicalement étranger d'une essence autre que la sienne, mais qui paradoxalement et en raison même de sa différence absolue est une source de droit permanente pour elle. Le temps naturel comme essence est ce qui autorise, sous le mode de la perméabilité, le mouvement général de la vie, lequel s'effectue en toute autonomie par rapport à l'essence naturelle du temps. Par rapport à cette essence qui la rend possible, la vie est donc tout autant dans une situation d'autonomie que d'hétéronomie. La perméabilité du temps naturel est une source de droit transcendante pour la vie dont le mouvement s'accomplit néanmoins toujours aussi sous sa propre impulsion selon la relation de cause à effet.

C) L'imperceptibilité

Mais la transcendance du temps naturel sur l'essence générale de la vie s'exprime encore dans une autre propriété fondamentale en plus de l'invariabilité et de la perméabilité. L'essence naturelle du temps qui conditionne la vie dans sa mutabilité essentielle tout en s'en différenciant absolument, ne s'exemplifie jamais en personne comme un des corps qui composent la substance intra spatiale contemporaine. Il nous semble aller de soi que les horloges, montres, calendriers, etc.... ne peuvent pas être sérieusement considérés comme des spécimens de l'essence naturelle du temps. Cette dernière n'est, par définition, jamais trouvable sous la forme générale d'un corps individuel intra spatial donné à l'intuition sensible. En raison de son immatérialité, le temps naturel est imperceptible. Il se tient comme un point, résorbé en lui-même hors de la tridimensionnalité où s'effectue la mutabilité et c'est pourtant vers lui que convergent pour le croiser toutes les fractions particulières du mouvement général de la vie, lesquelles ont par contre la propriété d'être perceptible à l'intérieur de l'espace. On remarque ici que l'imperceptibilité du temps est clairement conjointe à son invariabilité sans se confondre avec elle. De la même façon, l'imperceptibilité est clairement conjointe à la perméabilité sans se confondre avec elle, dans la mesure où l'essence naturelle du temps se différencie absolument d'une essence, la mutabilité, ayant la propriété fondamentale d'être perceptible. On voit avec évidence que si le temps naturel n'était pas absolument imperceptible, il n'aurait pas le degré de perméabilité absolue qu'il a par rapport au mouvement général de la vie. Le temps naturel ne fait pas obstacle à la vie, car il n'a rien de commun avec elle, n'ayant rien de commun avec elle il ne peut donc pas être perceptible comme elle l'est, c'est-à-dire sur le mode de l'intuition sensible des corps individuels et de leurs mutations réparties en genre divers. L'intuition eidétique sépare l'essence naturelle du temps de celle de la vie en posant la thèse de leur incommensurabilité, mais elle ne peut le faire que sur la base d'une intuition sensible qui ne les donne que dans leur unité.

TROISIÈME PARTIE
Théologie critique

TEXTE 10

La parole suprêmement ordonnante de dieu

L'existence humaine se déroule sous le mode de l'être sous la commande verbale. Le concept biblique de religion nous fournit un exemple prototypique de cette thèse, car il repose sur deux affirmations fondamentales logiquement reliées. Premièrement, ce texte veut nous faire comprendre que la vie religieuse doit se dérouler sous le commandement de Dieu; et deuxièmement que Dieu en tant qu'il commande à des hommes doit nécessairement exprimer verbalement son commandement comme il l'a fait avec Moïse et comme il l'avait déjà fait sur le chaos et les ténèbres initiales lors de la genèse de l'univers. Plus tard, avec la venue du Christ, il sera écrit que le verbe s'est fait chair, ce qui signifie qu'il est devenu immanent à la nature par le biais de l'espèce humaine afin de pouvoir plus facilement et directement parler aux hommes et mieux leur faire entendre son commandement. Le phénomène du monothéisme dans le domaine religieux veut essentiellement dire la théorisation de la raison de la nature en tant qu'être de parole suprêmement ordonnante, c'est-à-dire en tant qu'être doué d'une parole qui à la fois donne des ordres et met en ordre.

Le mot *Dieu* est le nom de Dieu.

Le mot *Dieu* est le nom de la raison miraculeuse de la nature.

La nature est le flux d'existence d'origine miraculeuse.

Le nom de cette origine est celui d'une force absolue d'exister capable de faire exister la nature dans son universalité.

La nature est donc fondamentalement le fait miraculeux de Dieu le miraculeux.

TEXTE 11

Portrait de l'athée en croyant

La nature est un phénomène surnaturel. C'est la raison humaine elle-même qui donne à la nature son aspect miraculeux dès qu'elle cherche à comprendre sa raison d'être. Le point critique de l'interrogation humaine est atteint lorsque la raison humaine se confronte à la question de la raison de la nature, c'est-à-dire à la question de la source de l'existence expérimentable. Rendu à ce point, les yeux logiques de l'esprit humain se révulsent et l'esprit syncope. En découvrant le sens du mot *Dieu*, la raison humaine se nie elle-même. Devant l'énigme de la nature, la réflexion humaine comprend et expérimente sous le mode de l'évidence le caractère non représentable du sens du mot *Dieu*, ainsi que sa propre incapacité à expliquer scientifiquement la loi qui fait exister la nature. La loi ou le système de lois qui fait exister la nature est aussi nécessairement celui qui fait exister celui des lois de la nature que l'esprit scientifique humain comprend en partie. Mais parviendrait-il à le comprendre en totalité que cela ne signifierait pas pour autant qu'il serait devenu capable de comprendre scientifiquement la moindre partie du système de lois qui fait exister la nature. Si le mot *Dieu* est le nom de la loi qui fait exister la nature, personne ne peut nier ce nom sans nier sa propre raison. Alors d'où vient que la thèse athéiste qui se revendique de la rationalité soit possible? Cela provient du fait que l'athéisme est la tautologie qui affirme que la nature est un phénomène naturel.

Contrairement à ce qu'on en dit couramment, l'athéisme lui-même est une croyance. Elle veut que la rationalité logico-mathématique typiquement humaine qui sert à expliquer les lois de la nature puisse aussi servir à expliquer la loi qui garantit l'existence de la nature. L'athéisme est une croyance qui repose sur le déni de la perte de validité du logiciel cognitif humain face au problème de la source de l'existence naturelle. Il incarne le refus d'admettre que la nature est la preuve de l'existence d'une science de l'existence que l'esprit humain n'a pas les moyens de connaître. Il est la négation de l'incompréhensibilité pour un esprit humain du savoir faire exister la nature et dont le détenteur porte le nom de *Dieu* par convention linguistique. Que la nature refuse de partager avec l'être humain le savoir secret et sacré qui est la raison de son existence voilà ce dont doute réellement l'athée.

TEXTE 12

Dieu est le nom d'une force qui s'enracine dans un savoir

La réalité de l'univers dépend logiquement d'une force absolue d'exister communément nommée *Dieu*. Mais cette force absolue d'exister dépend elle-même logiquement d'un savoir absolu ou savoir parfait sur l'existence en tant que telle, qui est l'ontologie fondamentale proprement dite. Or il ne peut y avoir de savoir sans un sujet de ce savoir. Et si ce savoir est parfait et qu'il concerne l'être, alors son sujet ou substrat ne peut être logiquement que le Saint-Esprit qui se présente ainsi comme un élément nécessaire de la réflexion générale humaine. En effet Dieu lui-même ne peut pas être cette force absolue d'exister sans savoir comment être une telle chose, et il ne peut pas non plus faire exister quoique ce soit de différend de lui sans savoir comment faire une telle chose. Ainsi Dieu en tant qu'origine immanente ou transcendante de la nature, tire lui-même son origine de son savoir parfait sur l'être, qu'il possède en tant qu'il est originellement le Saint-Esprit. Il y a donc, selon la logique humaine, une origine de l'origine qui a pour nom : ontologie fondamentale, et qui est la science parfaite de l'être en tant qu'être, laquelle est la possession exclusive du Saint-Esprit, qui est le sujet proprement dit de ce savoir, lequel est la condition nécessaire du pouvoir absolu d'exister. Et c'est donc une vérité éternelle que tout pouvoir est fondé sur un savoir. Ce qu'il fallait démontrer.

TEXTE 13

Éléments de théologie critique : le sens raisonnable des expressions « savoir absolu » et « ontologie fondamentale »

Le Saint-Esprit possède le savoir absolu. Le savoir absolu est le savoir relatif à l'existence ou au fait qu'il y a quelque chose plutôt que rien, selon la formulation de Leibniz. Le savoir absolu est le savoir qui explique le fait fondamental de l'existence, c'est-à-dire de l'être, de la matière, de la nature ou de l'univers. Historiquement parlant, le savoir scientifique humain ne parvient jamais à expliquer autre chose que les mutations synchroniques et diachroniques qui ont lieu au sein de l'existence, mais jamais la cause, la raison ou l'origine de celle-ci, laquelle est le savoir absolu lui-même, que l'espèce humaine ne possède pas, et qu'elle semble même condamnée à ne jamais pouvoir posséder si l'on s'en tient au simple bon sens. En effet, s'il y a un univers, or il y en a un, alors il y a obligatoirement aussi pour l'intelligence humaine le problème de son origine. Et *Dieu* est le nom qu'on donne habituellement à la raison suprême qui est aussi bien la cause de toutes choses que d'elle-même. Mais pour l'intelligence humaine, Dieu est fondamentalement et avant toutes choses un savoir faire exister la nature, la matière ou l'univers. Si Dieu est immanent ou intérieur à la nature comme dans le spinozisme, alors il est un pur savoir se faire exister soi-même en tant que nature naturante et nature naturée. Si Dieu est transcendant et extérieur à la nature comme dans la théorie religieuse monothéiste, alors il est un pur savoir faire exister quelque chose de radicalement différent de lui-même, mais qui doit par ailleurs et antérieurement au point de création, être aussi un pur savoir se faire exister soi-même. Par delà toute controverse au sujet de l'immanence ou de la transcendance de Dieu par rapport à la nature, on observe qu'il y a nécessairement une place au sein de l'horizon intellectuel humain pour l'idée d'une force absolue d'exister au fondement de toute réalité que nous pouvons expérimenter. L'idée de Dieu comme origine immanente ou transcendante de la nature est en fait la pierre angulaire de toute l'architecture intellectuelle humaine et non pas le simple objet d'une croyance optionnelle.

Or une telle force ne peut tirer son pouvoir absolu de faire exister la nature que d'un savoir absolu sur l'existence, qui est l'ontologie fondamentale proprement dite, laquelle est la science et la technologie qui appartient en propre au Saint-Esprit, et dont la probabilité qu'il la partage un jour avec l'humanité est infiniment petite comme nous l'avons déjà mentionné. *Savoir absolu* et *ontologie fondamentale* sont des expressions utilisées respectivement par Hegel et Heidegger, deux philosophes allemands célèbres, mais il se trouve d'une part qu'elles sont des synonymes, et d'autre part, qu'en vertu de leur signification profonde elles ne peuvent être sérieusement le nom d'une entreprise humaine.

QUATRIÈME PARTIE
Phénoménologie de la lecture

TEXTE 14

Introduction phénoménologique au thème de la rétrolecture contemplative versus la lecture sportive

Edmund Husserl, connu comme étant le père de la phénoménologie, pensait que la conscience ne va jamais sans un quelque chose, qui, en tant que polarité indépendante et extérieure à elle (transcendante), lui donne cependant la possibilité d'être ce qu'elle est, c'est-à-dire une capacité de connaitre en exercice. Dans chaque conscience, il y a donc une place réservée d'avance pour ce quelque chose qui doit nécessairement être l'objet de sa visée intentionnelle si elle veut pouvoir exister. Parlant de ce quelque chose en tant que c'est un objet physique, c'est-à-dire un objet de perception sensorielle, il écrivait : « Je prends conscience de son identité dans la conscience synthétique qui rattache la nouvelle perception au souvenir ». Il fait ici référence au fait que dans le contexte de la perception, la conscience multiplie naturellement et de manière unifiée les esquisses de l'objet, afin de pouvoir le connaitre sous toutes ses faces comme un seul et même objet. Autrement dit, aucun objet de perception ne se donne à connaitre entièrement du premier coup, même si c'est un objet non changeant, et à plus forte raison si c'est un objet changeant. La diversité unifiée des esquisses ou ébauches de perception d'un objet est donc la condition de possibilité d'une connaissance développée de cet objet. Pour se figurer hors de toute équivoque le phénomène subjectif dont parle Husserl sous le nom d'un « divers ininterrompu d'esquisses », il suffit de considérer comment la représentation que l'on se fait d'une autre personne peut être révolutionnée dans un sens positif ou négatif à mesure que notre conscience d'elle s'enrichit de nouvelles esquisses à son sujet, qui peuvent provenir à la fois d'expériences directes ou d'expériences indirectes lorsque la source de la nouvelle esquisse est, par exemple, un discours, une photographie ou un enregistrement vidéo.

La théorie husserlienne du divers d'esquisses s'applique de manière évidente au phénomène de la lecture. La multiplication des esquisses en lecture est la clé qui ouvre la compréhension d'un texte théorique complexe dans sa langue, ou même d'un texte plus simple dans une langue étrangère, lorsque de prime abord ils se présentent au lecteur sous un aspect trouble et inintelligible. Si par exemple je me fixe pour règle de lire au moins deux fois chaque paragraphe d'un ouvrage complexe avant de passer au suivant; alors je commence à multiplier les esquisses de chacun d'entre eux. Ce faisant j'obtiens en quelque sorte mécaniquement une vision et une compréhension plus complète de chacun de ces paragraphes et du sens objectif du message qu'il contient. Multiplier les esquisses sur un paragraphe en le relisant clarifie naturellement et simultanément l'aspect graphique et l'aspect sémantique du texte.

La culture de la lecture à l'époque moderne semble être un sujet de connaissance complètement inédit et passé sous silence, y compris dans des domaines de recherche où son développement serait pourtant d'une grande utilité. En m'inspirant des formulations et des cogitations du très impressionnant philosophe allemand Peter Sloterdijk telles qu'elles sont exposées dans l'ouvrage *Tu dois changer ta vie* lorsqu'il emploie notamment l'expression de déspiritualisation des ascèses; je peux à mon tour parler d'une déspiritualisation de la lecture et d'une promotion d'une culture sportive de la lecture à l'époque moderne. La renaissance athlétique qui est un aspect fondamental du monde moderne à travers son esprit sportif omniprésent, ses multiples institutions et pratiques sportives et son culte bien connu de la performance, s'est manifestement aussi emparé du monde de la lecture en transformant cette pratique antique en un sport non physique du genre du jeu d'échecs. La rapidité en tant qu'impératif satisfaisant à l'exigence du narcissisme de la performance intellectuelle en lecture a donc subrepticement remplacé l'impératif de qualité de la compréhension du sens objectif du message que véhicule le texte lu et de la perception claire et distincte du texte lui-même. Le lecteur sportif moderne doit en priorité s'efforcer de lire vite afin de pouvoir lire beaucoup. Pour lui la quantité de texte lu prime sur la qualité objective de sa représentation sémantique et graphique du texte lu. Ce faisant il ne tend pas à pratiquer systématiquement la multiplication des esquisses du texte, laquelle brise momentanément l'élan de sa curiosité, et sa lecture en devient nécessairement plus subjectiviste, impressionniste et superficielle que dans le cas contraire. L'analogie entre la culture moderne de la lecture sportive et la course à pied d'endurance de type marathon est d'ailleurs éloquente. Dans les deux cas, le but est le même : il s'agit de parcourir une distance importante, mais le plus vite possible. La lecture est donc devenue une course intellectuelle qui engage la représentation que celui qui la pratique se fait de sa propre intelligence et efficacité intellectuelle, en fonction de la vitesse à laquelle il la réalise.

La relecture immédiate, après un éventuel intervalle de réflexion, d'un texte ou d'un paragraphe que l'on a même bien compris du premier coup constitue l'entrée du lecteur dans le domaine de la répétition propre à l'exercice. De simple lecteur d'un texte, il devient un lecteur qui s'exerce à lire ce texte comme un pianiste s'exerce à jouer une partition. Si un texte qui n'est pas inintelligible en soi se présente à moi lors d'une première lecture sous un aspect trouble et inintelligible et que je le relis dans la foulée, j'augmente considérablement mes chances de le comprendre lors de ce second passage. Puis, sur la base d'une lecture ou relecture compréhensive d'un texte, une répétition de lecture supplémentaire donne au lecteur, au-delà de la simple compréhension, ce qu'il faut bien appeler l'esquisse d'une explication de ce texte. L'explication de texte est d'ailleurs un exercice de lecture écriture que l'on propose pour les examens aux étudiants en philosophie dans certaines facultés. On leur demande de démontrer une compréhension objective et approfondie d'un relativement court extrait d'un livre de philosophie complexe dont ils n'ont généralement pas la moindre connaissance antérieure à ce stade de leurs études, en produisant un texte dont il va de soi qu'il est attendu qu'il soit supérieur en quantité de mots au paragraphe à expliquer. Afin de pouvoir découvrir et exprimer les motifs de son explication, l'étudiant doit multiplier les esquisses du texte et de ses parties, les phrases, bien au-delà de celle qui lui a donné sa première compréhension de l'essentiel du sens objectif de son message. L'esquisse d'une explication est donc le point de départ du lecteur en examen et le point d'arrivée du lecteur en exercice qui veut simplement assurer et stabiliser l'objectivité de sa perception et de sa compréhension du paragraphe qu'il lit avant de passer au suivant. Le besoin de diminuer radicalement les sentiments d'étrangeté et d'étonnement inhérents à la découverte d'un message original et complexe qu'on comprend pour la première fois est sans doute la raison qui justifie le lecteur à en répéter la lecture jusqu'au point de se donner à lui-même l'esquisse d'une explication de ce texte de telle sorte qu'il finisse par avoir à ses yeux et pour son entendement, un aspect plus familier, moins étonnant, plus normal, moins hétérogène. Pousser la compréhension d'un texte jusqu'à l'esquisse d'une explication est donc une méthode simple et efficace dont dispose en permanence le lecteur pour abolir la distance problématique qui sépare parfois son esprit de celui de l'auteur qu'il lit.

Plus fondamentalement, c'est la volonté d'apprentissage du lecteur qui s'exprime dans son besoin compulsif de relire au moins une fois le paragraphe qu'il a déjà compris, c'est-à-dire de passer du stade de la lecture compréhensive, au stade de la lecture contemplative pré-théorique et pré-critique, qui correspond pour le lecteur à se donner l'esquisse d'une explication ou d'une analyse. Accroître la qualité du déchiffrement du sens objectif du texte ainsi que celle de la mise en mémoire de celui-ci sont les deux fonctions principales de la lecture contemplative. La raison d'être de la lecture contemplative est donc de consolider significativement, au moins à un premier degré, l'assimilation et l'intégration de l'information du texte dans le système cognitif du lecteur intéressé d'apprendre ce qu'il lit.

ÉLÉMENTS DE PHÉNOMÉNOLOGIE ANALYTIQUE

TEXTE 15

Les trois objets de la lecture

La lecture textuelle est une activité éminemment intentionnelle de la conscience humaine en tant que telle, et qui engendre, lorsqu'elle est première prononciation et écoute originelle de la chose écrite, une concentration totale de l'attention autour :

- premièrement, de la chaine des signifiants visuels qui sont incrustés dans la page;

- deuxièmement, de leur traduction interne ou externe en une chaine de signifiants auditifs; - et troisièmement, du sens global de cette deuxième chaine signifiante en tant que synthèse conceptuelle des divers signifiés qu'elle code.

Or le phénomène authentique de la lecture de textes, ainsi que celui de leur construction, sont essentiellement une radicalisation de la division constitutive de la conscience humaine en tant que cette dernière est une conscience animale dialectisée par le dialecte ou la langue particulière qu'elle pratique à l'aide de sa voix intérieure seulement ou bien aussi simultanément avec sa voix externe.

Car si nous avons une voix mentale comme le montre le phénomène anthropologique de la lecture textuelle silencieuse, alors nous avons aussi nécessairement une ouïe mentale, pour entendre et écouter les sons de cette voix intérieure, ainsi qu'une vision mentale, pour voir les images produites par l'imagination lorsqu'il arrive que la conscience humaine qui écoute sa propre voix mentale dans l'acte de lire silencieusement, prononce une chaine signifiante auditive qui contient un sens visuel.

En effet, le génie constructeur de l'être humain, ainsi que son intérêt pour le sens, ne sont tous deux possibles que grâce à cette capacité sémiotique qui distingue et sépare, sur Terre, l'espèce humaine des autres espèces animales, et qui dialectise la conscience des individus qui la composent et la transforme en un Moi, c'est-à-dire en une conscience de nature purement animale, mais capable d'entretenir une relation secrète avec elle-même en passant par la médiation de la langue dans sa forme concrète qu'est la parole interne, dans la mesure où cette expression particulière de notre voix mentale est simultanément effectuée et écoutée par la même âme, qui s'en retrouve alors divisée dans son unité.

La possibilité de se parler à soi-même en soi même, et de s'écouter soi-même en soi-même, ainsi que la parole intérieure qui en résulte, en tant que structuration sémiotique de notre voix mentale, sont donc nécessairement à l'origine de toute pensée proprement humaine.

La parole intérieure en tant que mélange de dialecte et de voix mentale doit être alors, de son côté, conçue comme une construction sémiotique de l'esprit humain en tant que tel, c'est-à-dire comme l'expression originale de la pensée proprement humaine; laquelle pensée n'est donc pas autre chose que ce qu'on appelle communément le « sens »; lequel n'est lui même pas autre chose que l'objet dernier de la lecture ou de l'écoute, c'est-à-dire l'exprimé de cet exprimant sémiotique construit qu'est la parole intérieure ou extérieure.

Mais parviendrez-vous à laisser un ou une inconnue parler autant dans votre espace mental et cela avec la contribution volontaire de votre voix intérieure? Et si oui, parviendrez-vous à scruter avec suffisamment d'attention cette longue chaine signifiante sonore d'origine étrangère qui raisonne dans votre tête, afin de pouvoir en dévoiler et connaître le sens enveloppé qui est son exprimé, et qui constitue une certaine portion de la pensée sémiotique particulière d'un autre membre de votre espèce? Mais vous aurez aussi dû parvenir au préalable à scruter avec suffisamment d'attention la non moins longue chaine signifiante qui apparait traditionnellement comme une incrustation d'encre dans la fibre de la page.

Chaine signifiante visible dont la scrutation décodante par le regard externe a pour fonction de révéler mentalement non pas un sens exprimé, mais la parole exprimante de l'auteur lu. Parole exprimante qui devient à son tour l'objet d'une deuxième scrutation décodante de nature auditive et interne et dont la fonction est de manifester le sens à partir de la parole de l'auteur répliquée en soi.

La première étape de la lecture silencieuse consiste donc à reproduire avec sa propre voix mentale la parole que l'auteur a produite en lui-même avant de l'incruster sémiotiquement dans la page. Or la reproduction de cette incrustation originale, qui est le premier objet de la lecture (la première chose qu'on scrute), doit être conçu exactement comme une partition musicale qui fournit à l'interprète les instructions suffisantes pour reproduire adéquatement la musique que le compositeur entendait dans sa tête avant de l'incruster sémiotiquement dans la page.

La scrutation visuelle qui décode la musique sur la base de la partition et qui simultanément l'interprète, est donc l'intuition simultanée d'un objet visible et d'un objet sonore qui est caché en lui, et qui constitue le deuxième objet de la lecture musicale, c'est-à-dire l'objet qui apparait à travers la scrutation du premier, et qui est l'objet dernier de ce genre de lecture, dans la mesure où lui-même ne contient aucun autre objet que sa scrutation pourrait révéler.

Ce qui n'est évidemment pas le cas du deuxième objet de la lecture textuelle, c'est-à-dire la parole de l'auteur reproduite par l'interprétation vocale du lecteur, et qui cache en lui un troisième et dernier objet de la lecture, lequel se dévoile à travers la scrutation auditive du deuxième, en tant qu'objet sémantique final ou pensée sémiotique de l'auteur.

Ultimement, la lecture doit être conçue comme une forme proprement humaine de l'intuition d'objet par une conscience; intuition qui se caractérise par le fait qu'elle est la synthèse de trois intuitions différentes en une seule et même intuition, qui est l'intuition ordonnée et quasi simultanée de trois objets différents, dont le deuxième apparait à travers l'intuition scrutatrice et décodante du premier, et le troisième à travers l'intuition scrutatrice et décodante du deuxième; le premier objet étant l'incrustation, le deuxième l'interprétation, et le troisième le sens.

Pour conclure, nous reconnaîtrons la possibilité rare que le sens lui-même puisse être à son tour l'objet d'une intuition scrutatrice qui décrypte et fait apparaitre à travers ce troisième objet de la lecture, un quatrième et dernier objet, qui est cependant de même nature que lui, dans la mesure ou il s'agit d'un autre sens, c'est-à-dire d'une pensée sémiotique différente, mais plus intéressante et importante que celle dans laquelle elle est enveloppée. Par exemple, la tradition mystique juive de la Kabbale repose sur le principe que le sens du Pentateuque (la Torah) dans l'Ancien Testament enveloppe un autre sens encore plus fondamental. Mais plus trivialement, il y a aussi l'exemple des communications militaires cryptées reposant sur ce même principe d'un sens caché dans le sens apparent du texte.

TEXTE 16

Précision sur le sens du mot sens : fondement d'une théorie de la littérature

Malgré sa tournure tautologique, la question légitime qui porte sur le sens du mot sens, mérite une réponse concrète et certaine qui n'ait pas elle-même ce caractère logiquement dérangeant.

La subtilité du problème réside dans le fait qu'il y a un monde entre le sens d'un mot et celui d'une parole. En effet, le sens du mot est une chose relativement bien connue dont la définition se trouve dans le dictionnaire en tant que synonyme de *concept, idée, signifié, essence, forme, espèce, genre.*

On sait par ailleurs depuis Husserl qu'il y a une intuition eidétique, c'est-à-dire une visée intentionnelle de l'être universel exprimé par un certain nombre d'individus représentatifs sans cependant que l'essence qui est l'objet de cette intuition se confonde avec aucun de ces objets individuels qui l'expriment.

Étant donné que la parole est un objet de nature différente et plus complexe que le simple mot, et qu'elle possède aussi un sens, on en déduit automatiquement que le sens du mot n'étant qu'un atome de celui de la parole, sa définition ne peut être la définition complète du mot *sens*. Autrement dit le sens du mot en général et le sens du mot sens en particulier sont deux objets distincts et la définition du plus simple d'entre les deux ne produit aucunement celle du plus compliqué.

Il faut aussi rajouter, par rapport à la définition que le dictionnaire donne du sens du mot en général, qu'il commet une erreur en le rendant strictement équivalant à celui de forme universelle (*essence, idée, concept, espèce, genre*), car il s'agit bien de cela, mais à la condition que cette forme soit artificiellement associée à au moins un signifiant dont elle doit nécessairement être le signifié pour être qualifiable de sens. L'idée est donc bien le sens du mot, mais en tant qu'elle est codée, c'est-à-dire, sémiotiquement transformée en signifié.

La définition complète du mot sens ne pouvant s'appuyer uniquement sur le simple mot, comme cela vient d'être démontré, elle doit donc nécessairement se fonder sur la parole et, par extension, sur la série ordonnée de paroles nommée discours.

La parole typique, sur laquelle nous nous basons en priorité pour définir le sens du mot sens, est le produit d'une volonté de parler propre à la conscience humaine. Le sens exprimé par cette parole exprimante se conçoit alors comme un certain vécu de conscience d'un membre de l'espèce humaine; mais en tant que ce vécu est volontairement conditionné et structuré par une forme sémiotique construite par cette même conscience.

Le sens est non seulement l'objet dissimulé dans la parole par le cryptage linguistique, mais il est même temps l'objet vécu par la conscience humaine individuelle, c'est-à-dire un évènement qui affecte cette dernière et qu'elle décide d'objectiver ou de représenter sémiotiquement, soit pour elle-même comme un autre, ainsi que pour un authentique autrui, soit pour elle-même comme un autre seulement.

Or *toute conscience est conscience de quelque chose*; mais le quelque chose que toute parole montre en le cachant dans sa forme sémiotique, c'est-à-dire le sens, est aussi nécessairement le quelque chose de la conscience individuelle qui produit volontairement la parole en question, et éventuellement aussi le quelque chose de l'autre conscience individuelle qui scrutera auditivement cette chaine signifiante sonore.

On déduira donc de toutes ces prémisses, que le sens, en tant même qu'il est ce quelque chose que vise la conscience humaine individuelle à travers la production et l'écoute de la parole, est un quelque chose qui est lui-même une synthèse de conscience et de son quelque chose, c'est-à-dire un objet noético-noématique comme on dirait dans le jargon de la phénoménologie, ou bien encore un objet possédant nécessairement une double face subjective et objective.

Récapitulons : la pensée sémiotique est l'exprimé de la parole, c'est-à-dire le sens qui n'existe donc qu'en tant qu'une conscience humaine le perçoit à travers la scrutation auditive de son exprimant. Le sens qui est l'objet qu'une conscience humaine individuelle vise à travers la parole, se conçoit aussi comme un noème linguistiquement déterminé, qui a cette caractéristique d'être un noème noético-noématique, en tant qu'il a cette double nature subjective et objective. Mais ceci est une vérité que nous venons de déduire logiquement et que nous comprenons seulement abstraitement, sans nous représenter concrètement le double aspect du phénomène du sens dans son existence tangible.

Alors voici le phénomène qui tire son prestige de la structure fascinante du sens, et qui exprime concrètement cette conception de la double nature du sens, mais sur un mode artistique et protothéorique, et c'est la littérature elle-même qui est cette pratique protothéorique du sens en tant que sens, c'est-à-dire développement artistique équilibré autant de la subjectivité que de l'objectivité du sens, que nous avons préalablement définies comme synthèse linguistiquement conditionnée d'une conscience humaine et de son quelque chose, en nous basant sur la parole et non pas sur le mot.

La littérature est essentiellement le phénomène de la culture intensive du sens pour le sens, ou encore le développement illimité de l'empire du sens en tant que sens, empire dont les maitres sont les grands auteurs.

Le principal critère de reconnaissance de l'œuvre littéraire est donc d'être une œuvre sémiotique qui montre avec évidence une double face subjective et objective, ainsi que leur égale importance.

D'ou l'idée subséquente que dans ce type d'œuvre sémiotique, la subjectivité de son auteur devient un personnage aussi présent que l'ensemble des autres personnages qui se trouvent du coté objectif de l'histoire, et qui sont animés comme des marionnettes par un marionnettiste dont la présence ne serait pas discrète.

Ce personnage subjectif qui ne se cache pas, est le personnage de l'âme linguistiquement visible et audible de l'auteur, qui anime tous les autres personnages, c'est-à-dire celui de sa personnalité sémiotique devenue personnalité littéraire, et qui en tant que personnalité, est l'expression de la singularité du sens de l'œuvre littéraire, tandis que les autres personnages, dont le vécu est explicitement conditionné par cette singularité psychosémiotique, expriment son sens universel.

Au cœur même du sens d'une œuvre authentiquement littéraire, on retrouve donc nécessairement cette dialectique explicite de la subjectivité et de l'objectivité, ou de la singularité et de l'universalité, exactement comme si chaque auteur de ce type d'œuvre sémiotique possédait obligatoirement une connaissance intuitive de la double nature du sens, connaissance qu'il développe, et partage ensuite sur le même mode intuitif avec ses lecteurs, par la grâce de son œuvre.

BIBLIOGRAPHIE

Aristote, Métaphysique, Paris, Flammarion, 2011.

Charles Darwin, On the Origin of Species by Means of Natural Selection, or the Preservation of Favoured Races in the Struggle for Life, Londres, John Murray, 1859.

René Descartes, Discours de la méthode, Paris, Gallimard, 1991 (1637).

Ferdinand de Saussure, Cours de linguistique générale, Paris, Payot, 1995 (1916).

Jean Duns Scot, Le principe d'individuation, Paris, Vrin, 2005 (1300).

Georg Wilhelm Friedrich Hegel, La Phénoménologie de l'esprit, Paris, Flammarion, 2012 (1807).

Martin Heidegger, Être et temps, Paris, Gallimard, 1986 (1927).

Edmund Husserl, Méditations cartésiennes, Paris, Vrin, 1947 (1929).

Edmund Husserl, Idées directrices pour une phénoménologie, Paris, Gallimard, 1985 (1913).

Gottfried Wilhelm Leibniz, La monadologie, Paris, Le livre de poche, 1991 (1714).

Platon, Phédon/Le banquet/Phèdre, Paris, Gallimard, 1992 (383 av. J.-C.).

Peter Sloterdijk, Tu dois changer ta vie, Paris, Libella Maren Sell, 2011.

Baruch Spinoza, Éthique, Paris, Gallimard, 1988 (1677).

Ludwig Wittgenstein, Remarques mêlées, Paris, Flammarion, 2002 (1947).

RÉFÉRENCES DES TEXTES DÉJÀ PUBLIÉS

Marc Gelet, Précision sur le sens du mot sens: fondement d'une théorie de la littérature, Le Pollen, 17, 2015.

Marc Gelet, La conscience animale envisagée depuis le point de vue conceptuel humain dans le but de répondre le plus efficacement possible à la question : « Qu'est-ce que la conscience? », Le Pollen, 16, 2015.

Marc Gelet, Les trois objets de la lecture, Le Pollen, 15, 2015.

Marc Gelet, Vérité et émotion – Langage et langue, Le Pollen, 10, 2013.

Marc Gelet, Introduction phénoménologique au thème de la rétrolecture contemplative versus la lecture sportive, Le Pollen, 7, 2013.

www.ingramcontent.com/pod-product-compliance
Lightning Source LLC
Chambersburg PA
CBHW060204050426
42446CB00013B/2991